I0843421

* 9 7 8 1 7 9 3 3 6 2 0 0 1 *